CATALOGUE

D'ESTAMPES

ANCIENNES

DE

L'ÉCOLE FRANÇAISE DU XVIIIᵉ SIÈCLE

LIVRES

DONT LA VENTE AUX ENCHÈRES PUBLIQUES AURA LIEU

HOTEL DES COMMISSAIRES-PRISEURS, RUE DROUOT, 9

SALLE Nᵒ 4

Les Lundi 22 et Mardi 23 Février 1892

à deux heures précises.

Mᵉ MAURICE DELESTRE

COMMISSAIRE-PRISEUR

27, Rue Drouot, 27

M. JULES BOUILLON

Marchand d'Estampes de la Bibliothèque Nationale

3, Rue des Saints-Pères, 3

IMPRIMERIE D. DUMOULIN ET Cⁱᵉ

Rue des Grands-Augustins, 5, à Paris.

CATALOGUE

D'ESTAMPES

ANCIENNES

CATALOGUE

D'ESTAMPES

ANCIENNES

DE

L'ÉCOLE FRANÇAISE DU XVIII SIÈCLE

LIVRES

DONT LA VENTE AUX ENCHÈRES PUBLIQUES AURA LIEU

HOTEL DES COMMISSAIRES-PRISEURS, RUE DROUOT, 9

SALLE N° 4

Les Lundi 22 et Mardi 23 Février 1892

à deux heures précises.

Par le ministère de **Me MAURICE DELESTRE**, commissaire-priseur,
Rue Drouot, 27

Assisté de **M. Jules BOUILLON**, marchand d'estampes de la Bibliothèque
Nationale, rue des Saints-Pères, 3

PARIS — 1892

CONDITIONS DE LA VENTE

La vente sera faite au comptant.

Les acquéreurs payeront *cinq pour cent* en sus des enchères, applicables aux frais.

M. Jules Bouillon, chargé de la direction de la vente, se réserve la faculté de rassembler ou de diviser les lots.

ORDRE DES VACATIONS

Lundi 22 Février. . . . . Nᵒˢ   1 à 213
Mardi 23   —   . . . .   214 à la fin.

DÉSIGNATION

ESTAMPES

ANONYMES

1 — Jeune enfant dans un atelier examinant des gravures. In-4°. Très belle épreuve avant toute lettre.

2 — Jeune homme assis gravant. Très belle épreuve avant toute lettre.

3 — L'École, petit in-fol. en travers. Très belle épreuve.

4 — L'Ivrogne. Pièce in-4° à la manière noire. Très belle épreuve.

5 — Le Patriotisme français, gravé par Avril, d'après Wille fils. — Louis XVI s'occupant de l'éducation de son fils au Temple. Deux pièces. Belles épreuves.

6 — Mort du chevalier d'Assas. In-fol. en largeur. Très belle épreuve, marge.

AUBERT (d'après)

7 — La Revendeuse à la toilette. — Le Billet doux. Deux pièces faisant pendants, gravées par Cl. Duflos. Très belles épreuves.

AUBRIS (d'après)

8 — Bazile et Luzy, gravé en couleur par Bonnet. Très belle épreuve.

AUBRY (d'après)

9 — L'Heureuse nouvelle, gravé par Simonet, 1777. Très belle épreuve, marge.

AUDOUIN (P.)

10 — *Moreau*, général en chef de l'armée du Rhin. In-fol. Très belle épreuve, grande marge.

BAADER (d'après)

11 — Philosophie moderne, par Chevillet. Très belle épreuve.

BAUDOUIN (d'après)

12 — L'Amour surpris (E. B., 5). Beauvarlet direxit. Copie de l'estampe « l'Amour à l'épreuve », plus une réduction in-4°. Deux pièces.

13 — Les Cerises, par Ponce (E. B., 13). Superbe épreuve avant la lettre, grande marge.

14 — Le Fruit de l'Amour secret, par Voyez le jeune. Superbe épreuve, avant toute lettre.

15 — Le Jardinier galant, par Helman. Très belle épreuve, grande marge.

BERTAUX (d'après)

16 — Le Charlatan français. — Le Charlatan allemand. Deux pièces faisant pendants, gravées par Helman. Très belles épreuves, grandes marges.

BERTIN (d'après)

17 — Le Gland et la Citrouille, par Levasseur. Belle épreuve.

BOILLY (d'après L.)

18 — Honny soi qui mal y pense, par Bonnefoy. Très belle épreuve avant la lettre.

19 — La Solitude. — La Précaution. Deux pièces gravées par Tresca. Très belles épreuves.

20 — Ah ! le méchant. — Ah ! comme t'en tiens. Deux pièces imprimées en bistre.

BOREL (d'après)

21 — L'Indiscret, par Dequevauviller. Très belle épreuve.

BOREL (d'après)

22 — Rendez-vous de chasse de Henri IV, par Guttenberg. Très belle épreuve, marge.

23 L'Innocence en danger, par Huot. Superbe épreuve, toute marge.

24 — Le Mariage conclu. — Le Mariage rompu. Deux pièces faisant pendants, gravées par de Launay. Très belles épreuves, toutes marges.

25 — J'y passerai, par de Launay. Très belle épreuve, grande marge.

BOUCHER (d'après F.)

26 — L'Aimable ménagère, — L'Infortunée pourvoiëuse; par Duverbret. — La Jeune bergère, par Voyez. Trois pièces. Belles épreuves.

27 — Les Amours pastorales. Suite de quatre pièces in-fol. en largeur, gravées par Duflos. Très belles épreuves, toutes marges.

28 — La Belle dormeuse, par W. Ryland. — La Bergère prévoyante, par Aliamet. — Deux pièces. Belles épreuves.

29 — La Bergère endormie. — Vénus et les grâces au bain. Deux pièces gravées par Daullé, 1758. Très belles épreuves.

30 — Madame Favart, dans le rôle de Ninette, gravé par Le Bas, 1754. Superbe épreuve avant toute lettre.

31 — Ismène et Daphnis, pa J. H. E. Eau forte avant toute lettre et épreuve terminée. Deux pièces.

32 — Pan et Syrinx, par Vidal. — La Sultane au bain, eau-forte et terminée. Plus cinq pièces pour dessus de tabatières, publiées chez Crepy. Ensemble, huit pièces. Belles épreuves.

33 — Les Saisons. Suite de quatre pièces gravées par Duflos. Très belles épreuves, marges.

BOUCHER (d'après F.)

34 — Le Sommeil interrompu, par Beauvais. — Le Messager fidèle, par Ouvrier, plus l'eau-forte du Messager fidèle. Trois pièces.

35 — De trois choses en ferez-vous une? par J.-J. Pasquier. Très belle et rare épreuve avant toute lettre, à l'état d'eau-forte, marge.

36 — Vénus et l'Amour couchés sur des draperies, par Demarteau. Très belle épreuve imprimée sur papier bleu.

37 — La Voluptueuse, par Polienith, — Le Tribut de la reconnaissance, par J.-H. Eberts. Deux pièces. Très belles épreuves, avec marge.

BOUNIEU (d'après)

38 — La Confidence, gravé en couleur par Jubin. Très belle épreuve.

39 — Les Disciples de Flore, par Godefroy. Très belle épreuve, toute marge.

40 — L'Innocence sous la garde de la Fidélité, par Ponce.Très rare épreuve à l'état d'eau-forte, toute marge.

BOURBON (Louis Ch. de, comte d'Eu)

41 — La Moissonneuse, petite pièce gravée à l'eau-forte.

CARÊME (d'après)

42 — Le Baiser napolitain. — Le Refus inutile. Deux pièces gravées par Flipart. Belles épreuves.

43 — Le Satyre impatient, par Anselin. Très belle épreuve, toute marge.

CANOT (d'après Ph.)

44 — Le Maître de danse. — Le Souhait de la Bonne Année au grand-papa. Deux pièces gravées par Le Bas. Superbes épreuves, grandes marges.

CATHELIN (L. J.)

45 — *Condé* (Louis-Joseph de Bourbon, prince de), d'après
B. le Noir. In-fol. Très belle épreuve, marge

CHAILLOU (A Paris, chez)

46 — La Fille engageante. — Le Moment dangereux. Deux
pièces faisant pendants, de forme ronde. Très belles
épreuves. Rares.

CHALLE (d'après)

47 — Les Cerises, par Chaponnier. Très belle épreuve avant
la lettre.

48 — La Ruelle, par Malapeau. Superbe épreuve avant toute
lettre et avant la chemise allongée, grande marge. Très
rare.

49 — Jupiter et Léda, par R. Brookshaw, 1778. Très belle
épreuve, marge.

50 — Zéphir et Flore, par J.-B. Tilliard. — Les Désirs de
l'Amour, par Aug. Legrand. Deux pièces. Belles
épreuves.

CHARDIN (d'après)

51 — Portrait de Chardin gravé par Mouchet. In-8. Eau-
forte et épreuve terminée. Deux pièces. Très belles
épreuves.

52 — Les amusements de la vie privée, par L. Surugue, 1747
(E. B., 1). Très belle épreuve.

53 — Etude du dessin, par Le Bas. (E. B., 18). Superbe
épreuve, marge.

54 — Portrait de Chardin. — L'Ecureuse. — Le Garçon ca-
baretier. Trois pièces gravées par Courtry. — La Bonne
mère (E. B., 1 C.). — La Ratisseuse (E. B., 46 D.). Ensemble cinq pièces in-4. Belles épreuves.

55 — La Bonne mère, par Weis (E. B., 1 A des pièces douteuses). — La Gouvernante, par Lepicié (E. B., 24 A.). —
La Pourvoïeuse (E. B., 45 F). Trois pièces. Belles
épreuves.

CHARDIN (d'après)

56 — La Ménagère, par Charpentier (E. B. 6. B. des pièces
douteuses). — La Bonne mère, par Charpentier (E. B. 1.
B. des P. D). — La Fontaine, par Cochin (E. B., 21. B).
— L'Antiquaire, par Surugue (E. B., 2). — La Bonne
mère, par Lepicié, 1742 (E. B., 45 A.). — La Gouvernante, par Lepicié, 1739 (E. B., 24 A.). — La Mère
laborieuse (E. B., 35 E.), etc. Ensemble huit pièces.
Belles épreuves.

CHARRON et MARTINET (A Paris chez)

57 — Qui se ressemble s'assemble. — Le Coucher des gri-
settes. — Les Compensations. Quatre pièces en couleur.

CHEREAU (A Paris chez)

58 — Le Soir. — Le Midi. — La Nuit. — Le Matin. Quatre
pièces copies agrandies des estampes de Moreau illustrant
les Chansons de Laborde. Belles épreuves. Rares.

59 — Suite de seize pièces in-fol., en largeur, pour *Don Quichotte*. Très belles épreuves, toutes marges.

CHEVALLIER (d'après)

60 — Le peintre amoureux de son modèle, par J.-B. Michel.
Très belle épreuve.

CHODOWIECKI (d'après D.)

61 — Scène d'Hamlet, gravé par Berger, 1780. Très belle
épreuve, marge.

CLAESSENS

62 — La Femme hydropique, d'après Gérard Dow. Très belle
épreuve avant la lettre (lettres tracées).

CLEMENTI

63 — Le mal sans remède. Belle épreuve avant la dédicace.

COCHIN (Par et d'après C. N.)

64 — Allégorie relative au rétablissement de Louis XV, gravé
à la sanguine, par Demarteau. Très belle épreuve avant
toute lettre, marge.

65 — Audience publique donnée par le Roy à l'ambassadeur
de Turquie, gravé par Pailly. Très belle épreuve.

66 — Carte d'invitation pour le bal paré donné à Versailles, le jeudi 9 février 1747, pour le mariage de Monseigneur le Dauphin.

67 — Concours pour le prix de l'étude des têtes et de l'expres-
sion, par Flipart. Très belle épreuve, grande marge.

68 — L'Enlèvement des Sabines, par Lingée. — Lycurgue
blessé dans une sédition, par Demarteau. Deux pièces à
la sanguine. Très belles épreuves, grandes marges.

69 — La Justice protège les arts, gravé à la sanguine, par
Demarteau. Très belle épreuve, marge.

70 — Les Misotechnites aux enfers. Suite complète de dix vignettes tête de page, dessinées et gravées, par Cochin.
Très belles épreuves à l'eau-forte pure, tirées sur la même
feuille, grande marge. Très rare.

71 — La mort de Turenne, gravé par Prevost. Epreuve
en double état, à l'eau-forte, et terminée avant toute
lettre. Deux pièces. Très belles épreuves, marge.

72 — Pavillons du Pont-Neuf vus de divers côtés, par Le Bas.
Très belles épreuves. Rares.

73 — Plan de la ville de Bordeaux, titre frontispice gravé par
Ouvrier. Très belle épreuve avant le titre dans le cartouche.

74 — Plan de la ville de Reims, dédié au roy, gravé par Massard. Très belle épreuve, marge.

75 — Scènes de l'histoire de Rome, gravées par Née Malapeau, Delignon, Masquelier, Fessard et Voyez. Dix pièces
petit in-fol., imprimées à deux sur la même feuille. Très
belles épreuves, toutes marges.

COCHIN (Par et d'après C. N.)

76 — La Soirée, par Gʊlimard. Très belle épreuve, marge.

77 — Vue perspective de l'illumination de la rue de la Ferronnerie. Deux pièces différentes sur le même sujet, une est à l'eau forte avant toute lettre.

78 — Tableaux du règne de Louis XV. Cinq pièces in-fol. en largeur. Très belles épreuves avant la lettre, toute marge.

79 — Famille de Louis XV groupée en médaillons, in-4. Très belle et rare épreuve à l'eau-forte pure.

80 — Histoire de Louis XV par médailles (J. 315), — Entrée de Louis XV dans Paris, — Établissement de la chambre de justice, — La Chambre fait rendre gorge aux maltôtiers, — Les Progrès des études du roi en 1718, — Le roi à l'âge de neuf ans étudie les sciences et les arts, — L'instruction gratuite établie dans l'Université de Paris, 1719. Six pièces in-fol. Magnifiques et très rares épreuves avant toute lettre, avant les inscriptions dans les médaillons.

81 — Histoire de Louis XV par médailles (J., 315). Suite de douze pièces, plus une double avec remarque. Superbes et rarissimes épreuves à l'état d'eau-forte, grande marge. Manque le nᵒ 9 pour que la suite soit complète. Ensemble treize pièces.

82 — *Favart* (Mme), gravé par J.-J. Flipart, 1762. In-8. Très belle épreuve.

83 — Louis XVI debout au milieu de figures allégoriques, gravé par De Longueil. Très belle épreuve, marge.

84 — Société académique des enfants d'Apollon, — L.-P. Prault, — F. Dumont, — J.-L. Dupont, — J.-B. Cottereau, — A.-L. Piot, — S. Chenard, — J. Treyer, — Marc-Deville. Huit portraits in 8, en médaillons, gravés par Saint-Aubin, Lingée, Miger, Quenedey. Très belles épreuves, grandes marges.

COSWAY (d'après R.)

85 — *Récamier* (Madame), par Ant. Cardon. In-fol. Très belle épreuve.

COURTIN (d'après)

86 — L'Amant magnifique, par Aubert, — L'Amour médecin, par Mathey. **Deux pièces.** Très belles épreuves, marge.

COYPEL (d'après Ch.)

87 — L'Amour enseignant l'art d'aimer, par Lepicié, 1730, plus une réduction de la même estampe, gravée à l'eau-forte, par le comte de Caylus. Deux pièces. Très belles épreuves.

88 — Bacchus et Ariane, gravé à l'eau-forte, par A. Coypel et terminé au burin, par G. Audran, 1693. Épreuves d'eau-forte et terminée. Deux pièces. Très belles épreuves.

89 — Le Printemps, — L'Eté, — L'Automne, — L'Hyver. Suite de quatre pièces, gravées par Tronchon. Très belles épreuves.

0 — Psyché, gravé par Audran, avant la lettre, — L'Alliance de Bacchus et de Vénus, par Le Bas, — Madame Favart menaçant le portrait du Maréchal de Saxe, par Surugue, — *Entre deux mouvements sans cesse partagée*, par Lepicié. Quatre pièces. Très belles épreuves, marges.

91 — Suite complète de trente et une estampes in-fol., gravées par Cochin, Surugue, Aubert, Ravenet, Lepicié, Joullain, Aveline, Silvestre, Hausard, Beauvais, Poilly et Tardieu, pour *Don Quichotte*. Très belles épreuves, grandes marges.

DANLOUX (d'après)

92 — Je t'en ratisse, — Ah! si je te tenais, — Il m'a tiré les oreilles, — Tant mieux, c'est bien fait. Quatre pièces gravées, par Reljambe et Perré. Très belles épreuves.

DAVID

93 — *Louis XVIII* en pied et manteau royal. Belle épreuve,
plus le portrait de Louis XVI, d'après Callet, gravé par
Lerouge. Epreuve d'eau-forte. Deux pièces.

DESCAMPS ET DUMESNIL (d'après)

94 — La Pupille, par N. Le Mire, — Le Recouseur de fayance,
par Mme Lefort. Deux pièces. Belles épreuves.

DESMAISONS

95 — Lettre de faire part de mariage, — Lettre de faire part
de naissance. — Lettre de faire part d'accouchement.
Trois pièces très curieuses et rares, avec vignettes. Elles
ont toutes leur marge et leur double feuille.

DESRAIS (d'après)

96 — L'Amant pressant, par Deny, in-4. Très belle épreuve.

97 — La Fille qui se défend mal, — Le pressant serment, —
Laquelle des deux aura la pomme. Trois pièces gravées
par Deny. Très belles épreuves, marges.

98 — Le Jeu de l'escarpolette, — La Chute favorable. Deux
pièces faisant pendants, gravées par Deny. Très belles
épreuves, marges.

99 — Le plus fort me tente, à Paris, chez Chereau. Belle
épreuve.

100 — Douze vignettes relatives au règne de Louis XVI, tirées
sur une même feuille, pour un almanach de poche. Très
belles épreuves, rares.

101 — Promenade du Boulevart Italien, par Voyssard. Très
belle épreuve.

102 — Le Serment à la mode, — Le Bouquet dangereux.
Deux pièces faisant pendants gravées par Berthet. Très
belles épreuves.

DIVERS

103 — Mausolée du maréchal de Saxe, — Paysages d'après
Vernet, — L'Adoration des Bergers d'après Ribera, —
Diane au bois, etc. Sept pièces avant la lettre termi-
nées et eaux-fortes.

104 — Jeune Grecque au bain par Ponce d'après Vien, — Le
Marché aux légumes d'après Pierre, — La Savoyarde
d'après Pierre. Trois pièces, à l'état d'eaux-fortes. Très
belles épreuves.

105 — La marchande de poisson, par Beauvarlet, d'après
Carré, — Diane désarmant l'Amour par Duchange,
d'après Désormeaux, — Le Flûteur, par Lépicié, d'a-
près Grimou, — Fontaine des environs de Tivoli, par
Née, d'après Allemand. Quatre pièces. Belles épreuves.

106 — Mort de Roland, par Lemaître d'après Michallon, —
Henri IV et Gabrielle, par Géraut, d'après Fragonard.
— Le Temps protégeant la Jeunesse contre les Parques,
— Dante et Virgile, par Lehman, d'après Flandrin, —
Van-Dyck peignant son premier tableau, par Ribaut,
d'après Ducis. Cinq pièces avant la lettre.

107 — Le Christ en croix, par Bolswert, d'après Jordaens, —
La Trinité, d'après Rubens, — La Vierge au voile, par
Longhi, d'après Raphaël, — La Madona del Lago, par
Longhi, d'après L. de Vinci. Quatre pièces. Belles
épreuves.

108 — Sainte famille, — Les Disciples d'Emmaüs, — Sainte
Thérèse devant la Vierge et l'enfant Jésus. Trois pièces
d'après Raphaël, gravées par G. Morghen Bernardi et
Boutrois. Très belles épreuves avant toute lettre.

109 — Enlèvement des Sabines, — Enlèvement d'Europe, —
Triomphe de Silène, par Duclos. Trois pièces d'après
L. Giordano. Très belles épreuves à l'état d'eau-forte.

DIVERS

110 — Mort du général Wolf, par Wollett, d'après West, — Vue de la Campagne romaine, gravé par Vivarès, d'après Lambert, — Macbeth, gravé par Woollett, d'après Zucarelli, — Le Retour de la pêche, par Elliot, d'après Pillement, — Chasse au sanglier, par Woollett, d'après Pillement. Cinq pièces. Belles épreuves.

111 — L'Attente du plaisir, gravé par Lempereur, d'après Carrache, — ĮSuzanne au bain, par Porporati, d'après Santerre, — Le Jugement d'Hercule, par R. Strange, Vénus qui caresse l'Amour, par Porporati, d'après Battoni, — Les Trois Grâces, par Forster, d'après Raphaël. Cinq pièces. Belles épreuves.

112 — Triomphe de Bacchus, d'après Jordaens, — Enlèvement de Déjanire, par Bartolozzi, d'après Pecheux, — Apollon et Daphné, — L'Olympe, gravé par Appiani, d'après Giuseppe Beretta. Ensemble quatre pièces avant la lettre. Très belles épreuves.

113 — Théâtre de la République, salle où fut couronné Voltaire, — L'allaitement d'Hercule, d'après Rubens, — Académie des sciences et des beaux-arts, par Sébastien Le Clerc, — L'Image de la vie, d'après Mlle Meyer, — David et Abigaïl, par Massard, d'après Guerchin, — Le Grand Hiver de 1709. Ensemble, six pièces.

114 — Hector partant pour le combat, d'après Rubens, — Adoration des Mages, d'après Paul Véronèse, — Judith et Holopherne. Trois pièces. Très belles épreuves à l'état d'eaux-fortes.

115 — Paysages d'après les maîtres italiens. Cinq pièces. Très belles épreuves avant la lettre.

116 — Scènes de mœurs, — Paysages et marines d'après les maîtres flamands. Vingt-six pièces. Très belles épreuves à l'état d'eaux-fortes.

117 — Paysages d'après Lantara, gravés par Couché. Deux pièces à l'état d'eaux-fortes. Très belles épreuves.

DIVERS

118 — Diane et Actéon, — Enlèvement de Déjanire, — Mercure remettant aux Nymphes le fils de Jupiter, — Diane et Endymion, — Judith et Holopherne. Cinq pièces d'après les maîtres italiens. Très belles épreuves à l'état d'eaux-fortes.

119 — Six pièces in-4°, à l'eau-forte d'après les maîtres flamands et hollandais. Très belles épreuves.

120 — Compositions diverses d'après les maîtres flamands. Six pièces. Très rares épreuves à l'eau-forte pure.

121 — Madame *Saint-Aubin*, — *Christine*, reine de Suède, — *Sully*, — *Hue de Miromesnil*, — *Henrique*, infant de Portugal, — *Choiseul* (le duc de), — *Latour-d'Auvergne*. Huit portraits in-4° et in-fol., par Audouin, Tanjé, Vangelisty, Baquoy, Le Beau et Gaucher.

122 — *Louis XVIII*, par Aug. Legrand, — *Gessner*, par Eichler, d'après Graff, — *Necker*, par Delaunay, d'après Duplessis, — Jean-Marie *Roland*, par Colibert, — Louis XVI et Marie-Antoinette, dans des médaillons surmontant une tablette avec la scène de leurs adieux. Six pièces in-fol. et in-4°. Belles épreuves.

DOROND (d'après P. L.)

123 — Mort de Poulpe, chirurgien de Voltaire, — Le Triomphe de Rameau. Deux pièces in-4° en largeur, gravées par Fessard. Très belles épreuves avant les noms des artistes. Marges.

124 — Mort de Poulpe, par Fessard. Très belles épreuves. Marge.

DUGOURE (d'après)

125 — La Poule au pot, par David, — Roxelane, par Le Beau. Deux pièces. Très belles épreuves, marges.

DUMONT LE ROMAIN (d'après)

126 — Angélique vient trouver Maugis d'Aigremont, par
C.-N. Cochin. Deux épreuves, dont une à l'état d'eau-
forte.

127 — Hercule et Omphale, gravé par Miger. Très belle
épreuve avant la dédicace.

DUPLESSIS-BERTAUX

128 — La Bienfaisance ingénieuse, fait historique du 5 messi-
dor an X. Eau-forte en deux états différents et terminée.
Trois pièces. Très belles épreuves.

DUTAILLY (d'après)

129 — L'Admiration de l'antique, par Prot, en couleur. Très
belle épreuve.

EDELINCK (G.)

130 — *La Fontaine* (Jean de), de l'Académie française, d'a-
près Rigaud (R. D., 230). Très belle épreuve avec une
petite marge.

EISEN (d'après Ch.)

131 — Le Jour, — La Nuit. Deux pièces faisant pendants,
gravées par Patas. Très belles épreuves.

132 — L'Amour donnant à l'Amitié une de ses plumes pour
écrire l'histoire. Très belle et rare épreuve à l'état d'eau-
forte pure.

133 — Bergères couronnées par l'Amour, gravé par Patas.
In-4°. Très belle épreuve.

134 — La Dame de Charité, par Voyez, — Les Villageois, par
de Fehrt, — L'Amour en ribote, par Halbou. Trois pièces. Belles épreuves.

135 — Érigone tenant près d'elle l'Amour appuyé sur un
petit satyre endormi. Très belle et rare épreuve à l'eau-
forte pure, marge.

EISEN (d'après Cᴴ.)

136 — Génie présidant à l'arrangement d'une galerie de tableaux. Très belle épreuve.

137 — Le Matin, — Le Midy, — L'Été, — L'Automne, — L'Hyver. Cinq pièces gravées par de Longueil. Très belles épreuves, grandes marges.

138 — Deux pièces de la suite des *Moissonneurs*, gravées par Le Beau. Très belle épreuve, grandes marges.

139 — Un petit génie conduisant l'Amour devant la Sagesse et l'Histoire. Charmante petite pièce dans un médaillon ovale avec encadrement ornementé. Très belle et rare épreuve à l'eau-forte pure, marge.

140 — Le Printemps, — L'Été, — L'Automne, — L'Hyver. Suite de quatre pièces gravées par de Longueil. Très belles épreuves avant toute lettre.

FAUVEL (d'après)

141 — Réception de Voltaire aux champs Élysées par Henri IV, gravé par Macret. Très belle épreuve avant la dédicace, marge.

FORSTER (F.)

142 — La Vierge au bas-relief, d'après L. de Vinci. Très belle épreuve sur Chine.

DE FRAINE (d'après J.)

143 — L'Acte d'humanité, par de Launay. Très belle épreuve, toute marge.

FRAGONARD (d'après H.)

144 — Le Baiser dangereux, par Flipart, — La Bascule, par Beauvarlet. Deux pièces. Belles épreuves.

145 — La Bonne Mère, par De Launay. Très belle épreuve.

146 — La Chemise enlevée, par Guersant. Superbe épreuve, grande marge.

FRAGONARD (d'après)

147 — La Coquette fixée, par Couché et Dambrun. Très belle épreuve, les figures et les mains en couleur.

148 — La Culbute, gravé en bistre par Charpentier. Très belle épreuve, marge.

149 — La Danse de l'Ours, par Varin, — Enlèvement de Proserpine, par Choffard, — En-tête du discours préliminaire du *Voyage en Grèce*, gravé par Saint-Aubin, premier état. Ensemble trois pièces. Très belles épreuves.

150 — L'Éducation fait tout, par De Launay. Très belle épreuve, marge.

151 — La fuite à dessein, par Macret et Couché. Très belle épreuve.

152 — Les jeunes sœurs, par Vidal. — La Nature. — La Curiosité, par Gérard. Trois pièces. Belles épreuves.

153 — Jeune femme debout dans un jardin. — Homme assis. Deux pièces gravées à la sanguine par Demarteau. Très belles épreuves.

154 — Le Peintre, gravé par Lefèvre. — Le Bain, gravé par Dupin, d'après Dumouchet. Deux pièces. Belles épreuves.

155 — Les Pétards. — Les jets d'eau. Deux pièces sans nom de graveur. Belles épreuves. Toutes marges,

156 — Les mêmes compositions, gravées en sanguine sous des titres différents.

157 — Les Quiproquo. Pièces in 4°, avec bordure, sans nom de graveur. Superbe épreuve. Très rare. Remargée.

158 — Le verrou. Très belle épreuve en buste, sans nom de graveur.

FREUDEBERG (d'après)

159 — Le Coucher, par Duclos et Bosse. Très belle épreuve avant le numéro.

FREUDEBERG (d'après)

160 — La Visite inattendue, par Voyez l'aîné. Très belle
épreuve avant le numéro.

GARNERAI (d'après)

161 — La Jarretière, gravé par Michault et Legrand. Superbe
épreuve avant la lettre.

GÉRARD (d'après Mlle)

162 — Les Regrets mérités, par De Launay. Très belle épreuve
à l'eau-forte pure.

GOZ (Bernardo)

163 — Les Saisons, suite de quatre pièces. Belles épreuves.

GRASSI (d'après)

164 — *Jablonowska* (La Princesse), gravé par Pfeiffer. In-fol.
Très belle épreuve, marge.

GRAVELOT (d'après)

165 — Pièce allégorique sur les fleuves de l'Europe. Gr. in-
fol. Superbe épreuve avant toute lettre. Grande marge.
Rare.

GREUZE (d'après J.-B.)

166 — L'Accordée de village. — Etude sur l'Accordée. — La
cruche cassée. — L'Innocence. — Le Souvenir. Cinq
pièces gravées par Jazet, Leroy, Masson et Louis. Très
belles épreuves.

167 — La Bonne éducation. — La Paix du ménage. Deux
pièces gravées par Moreau et Ingouf. Très belles
épreuves.

168 — L'éducation du jeune Savoyard. — La Bonne éducation. Deux pièces gravées par Moreau le jeune et
Aliamet. Très belles épreuves avant la lettre, plus l'eau-
forte avancée de la première pièce.

GREUZE (d'après J.-B.)

169 — L'Enfant gâté, par Maleuvre. Très belle épreuve avant
la lettre.

170 — La Fille confuse, par Ingouf, Très belle épreuve avant
la dédicace.

171 — Le Fils puni, et contrepartie. — Le Paralytique. — La
mère bien aimée. Ensemble quatre pièces gravées au
pointillé, réduction des estampes originales.

172 — Le Malheur imprévu, par De Launay. Très belle
épreuve avant la dédicace, marge.

173 — La Petite fille au chien, par Porparati. Très belle
épreuve, marge.

174 — La Petite mère. — La Poésie. Deux pièces gravées par
F. A. Moitte. Très belles épreuves.

175 — La Philosophie endormie, gravé par Moreau le jeune et
Aliamet. Très belle épreuve.

176 — Les Sevreuses, par Ingouf. Très belle épreuve avant
toute lettre, plus une épreuve avec la lettre. Deux pièces.

177 — La Vertu chancelante, par Massard. — Le Père
aveugle, par L. Cars. Deux pièces. Très belles et rares
épreuves avant toute lettre, à l'état d'eaux-fortes.

GRIMM (d'après)

178 — Vue de Motier-Travers et ses environs. Gravé par
Choffart, Eau-forte et épreuve terminée. Deux pièces.
Très belles épreuves.

GUÉRIN (d'après F.)

179 — Qu'en pensez vous. — Les Plaisirs interrompus. —
Deux pièces ovales gravées au pointillé par R. Girard.
Très belles épreuves.

GUINET (d'après)

180 — Le Passage du torrent (Paul et Virginie), gravé par
Petit. Très belle épreuve avant la lettre.

GUYOT

181 — Aux mânes de Jean Jacques Rousseau, en couleur. — J. J. Rousseau et Mme de Girardin, en bistre. Deux pièces. Belles épreuves.

HILAIR (d'après)

182 — L'anthropophage, par Mathieu. Belle épreuve. Marge.

HOOGHE (R. DE) ET LAIRESSE

183 - Emblèmes de la vie. — Allégorie. Deux pièces. Belles épreuves.

HUET (J.-B.)

184 — Titre de l'œuvre de Huet. In-fol. Très belle et rare épreuve à l'eau-forte, avant toute lettre.

HUET (J.-B.)

185 — Ce qui est bon à prendre est bon à garder, par A.. Chaponnier. Superbe épreuve avant la lettre. Toute marge.

186 — Le Maître de musique. — Le Maître de dessin. Deux pièces faisant pendants, gravées en couleur par Bonnet et Legrand. Très belles épreuves. Marges.

187 — Le Plaisir des amours. — Enfants retenant une tourterelle par un ruban. Deux pièces gravées aux trois crayons par Demarteau. Belles épreuves.

188 — The sump. — The balance. Deux pièces faisant pendants gravées en couleur par Bonnet. Très belles épreuves.

189 — Titre pour *Daphnis et Chloë*, petit in-fol. en travers. Très belle et rare épreuve à l'eau-forte pure, avant toute lettre.

190 — Vénus et l'Amour. — L'Amour fouettant sa mère avec des roses. Deux pièces ovales gravées en couleur par Duarwess.

ISABEY (d'après)

191 — Le Petit Coblentz, boulevard de Gand, sous le Directoire. Épreuves d'eau-forte et terminée avant la lettre, en couleur et en noir. Trois pièces. Très belles épreuves.

JANINET (F.)

192 — La Bacchante enyvrée, d'après Carême, en couleur. Très belle épreuve.

193 — Le Maréchal, petite pièce gravée à la sanguine d'après Gravelot. Très belle épreuve.

194 — Projet d'un monument à ériger pour le roi, d'après Moreau et de Varennes, en couleur. Très belle épreuve.

195 — Vue de Paris, d'après de Machy. Superbe épreuve en couleur, avant toute lettre.

196 — La même estampe, également en couleur. Superbe épreuve avant toute lettre, mais avec les armes.

JEAURAT (d'après Er.)

197 — Le Carnaval des rues de Paris. — Le Transport des filles de joie à l'hopital. Deux pièces faisant pendants gravées par Levasseur. Très belles épreuves, grandes marges.

198 — La Coëffeuse. — Le Gouté. — La Relevée. Trois pièces gravées par Fonbonne. L. G. et S. D. Belles épreuves.

199 — La Dévote, par Aubert. — La Couturière, par Balechou. — L'É'plucheuse de salade, par Beauvarlet. — Le Fiacre, par Pasquier. — Le Joli dormir, par Claire Tournay. — L'Exemple des mères, par Lucas. Six pièces. Très belles épreuves.

200 — L'Enlèvement de Police, par Duflos. — L'amour du vin, par Surugue. — La coiffeuse, par Sornique. Trois pièces. Très belles épreuves, marge.

JEAURAT (d'après Et.)

201 — Le Matin et le Feu, par Balechou. — Le Matin et le Midi, par Dorlanges. Quatre petites pièces avec vers en bas. Belles épreuves.

202 — Le Savetier et le Financier, — L'Astrologue qui se laisse tomber dans un puits, — L'Huître et les Plaideurs. Trois pièces gravées par Jeaurat le frère, 1732-1736. Très belles épreuves, marge.

JOHANNOT (d'après A.)

203 — Le Feu, — L'Étude, — La Promenade, — Le Plaisir. Quatre pièces lithographies coloriées.

LAFITTE (d'après)

204 — Germinal, gravé par Tresca, — Combat des Horaces. par Janinet, d'après Lebarbier. Très belles épreuves en couleur.

205 — Naissance de Henri IV, par Pfitzer, eau-forte et avant la lettre. Deux pièces. Très belles épreuves, toutes marges.

LAGRENÉE (d'après)

206 — Tiresias aveuglé par Minerve, gravé par Denel, avant la lettre, — Suzanne et les Vieillards, gravé par Helman, eau-forte et avant la lettre, — Tancrède secouru par Herminie, avant la lettre. Quatre pièces. Très belles épreuves, très grandes marges.

LA JOUE (d'après)

207 — Le Palais de Pluton, — Les Bains de la Sultane. Deux pièces gravées par Duflos et Ravenet. Très belles épreuves.

LANCRET (d'après)

208 — *Que le Cœur d'un Amant est sujet à changer,* par S. Silvestre (E. B., 66), — Le Théâtre italien, par Schmidt (E. B., 79). Deux pièces. Très belles épreuves.

LARMESSIN (N. DE)

209 — Titre frontispice du sacre de Louis XV. In-fol. Superbe et très rare épreuve avant toute lettre, avant toute inscription dans le cartouche.

LAVREINCE (d'après N.)

210 — La Balançoire mystérieuse, par Vidal (E. B., 9). Très belle épreuve d'un état non décrit, avec le mot Gravé écrit : Gravée, et avec la lettre, mais avant le flot, marge.

211 — Le Coucher des ouvrières en modes, par F. Dequevauviller (E. B., 16). Très belle épreuve, marge.

212 — Le Séducteur, par de Launay (E. B., 7 des pièces attribuées). Très belle épreuve à l'état d'eau-forte, sans marge.

LAVREINCE (attribué à)

213 — La Soirée du Palais-Royal, par Caquet. Très belle épreuve, marge.

LEBARBIER (d'après)

214 — Le Braconnier, par Benazech. — Mort de Marceau, — Allégorie sur la réunion de deux fleuves. Trois pièces. Très belles épreuves à l'état d'eau-forte.

215 — Tombeau de J.-J. Rousseau à Genève, par Née. Très belle épreuve avant toute lettre, marge.

LEBRUN (d'après)

216 — La Peinture, — Le Repos du matin, — L'Intrigue découverte. Trois pièces gravées par Dambrun et le Beau. Très belles épreuves.

LE MESLE (d'après)

217 — Le Lutrin. Suite de huit pièces gravées par Ouvrier, Fillœul, Lucas, Pinssio et Chenu. Belles épreuves.

LE MESLE (d'après)

218 — Aventure de don Guzman avec une demoiselle, — Méprise de Guzman avec une cuisinière, gravées par Dupin. Plus une pièce avant toute lettre, d'après Pater, pour le *Roman comique* : Le Destin retire Ragotin du Rosier. Trois pièces.

LE MESLE ET LORRAIN (d'après)

219 — La Clochette, — Le Cuvier, — La chose impossible, — Le Savetier. Quatre pièces pour les Contes de La Fontaine, gravées par Sornique Seinvork et Fillœul. Très belles épreuves.

LEMOYNE (d'après)

220 — Enlèvement d'Europe, gravé par L. Cars. Eau-forte pure, plus une épreuve terminée. — Diane découvrant la grossesse de Calisto, gravé par Walker. avant la dédicace. Trois pièces. Très belles épreuves, marge.

LEPICIÉ (d'après N. C.)

221 — Ménage des bonnes gens, par de Longueil. Très belle épreuve avant la dédicace.

LEPRINCE (d'après)

222 — La Présentation de l'Esclave, — Le Negromantien, par Helman. Deux pièces. Très belles épreuves ; la première est à l'eau-forte.

223 — Les Vendanges, — Les Pleureuses. Deux pièces à la sanguine et au bistre. Belles épreuves.

LESPINASSE (d'ap. le chevalier)

224 — Vue du Palais Royal, par Varin, — Vue de Versailles, par Malapeau. Deux pièces. Belles épreuves.

225 — Vues de Trianon, Deux pièces tirées du *Voyage en France* de de Laborde. Très belles épreuves avant toute lettre.

LE SUEUR

226 — Vue d'une ferme près Cenicour, 1788. Petite pièce en couleur. Très belle épreuve, grande marge.

LEYDE (Lucas de)

227 — Les Musiciens (B., 155). Deux copies.

LONGHI (G.)

228 — Le Mariage de la Vierge, d'apres Raphaël. Très belle · épreuve.

LOUTHERBOURG (d'après)

229 — Charge de cavalerie, par Weisbrod. Belle épreuve à l'eau-forte.

230 — Guerriers au repos, par Godefroy, avant la lettre, — Le doux repos des bergers, par P. Laurent, — Combat dans un cimetière, par Bartolozzi. — Diane et Endymion, à l'eau-forte. Ensemble, quatre pièces. Belles épreuves.

LOUTHERBOURG et LEPRINCE (d'après)

231 — La Laitière culbutée, — La Chute dange.euse, — Exploration d'une caverne. Trois pièces. Très belles épreuves à l'eau-forte pure.

MALLET et MARILLIER (d'après)

232 — Julie ou le premier baiser de l'amour, par Copia. — Abeilard et Héloïse, par Le Beau. Deux pièces. Très belles épreuves.

MARILLIER (d'après)

233 — Les Désirs réciproques, — Les Regrets inutiles. Deux pièces faisant pendants, gravées par Mme Chevery. La première est avant toute lettre. Très belles épreuves.

MARTINI (P.-A.)

234 — Exposition au Salon du Louvre en 1787. Superbe épreuve avec marge.

MARTINET (A Paris chez)

235 — La Balançoire, — La Culbute. Deux pièces faisant pendants. Très belles épreuves.

MEISSONIER (E.)

236 — Le Petit Fumeur. Eau-forte originale du maître. Superbe épreuve sur chine.

MOITTE (d'après E.)

237 — L'Écueil de l'Innocence, — Le Consommé. Deux pièces faisant pendants, gravées par Deny. Belles épreuves.

238 — L'Infidélité reconnue, par Dambrun. Belle épreuve avant la lettre.

MONDHARE (A Paris chez)

239 — L'agréable surprise, médaillon avec cadre ornementé. Très belle épreuve, marge.

MONNET (d'après)

240 — Loge des Neuf Sœurs à l'Orient de Paris. Pièce allégorique sur la franc-maçonnerie des dames de la cour, gravé par P. P. Choffard. Très belle épreuve d'eau-forte avancée.

241 — La Religion triomphante, par Morret. Très belle épreuve.

242 — Les Vœux du peuple confirmés par la Religion, par Masquelier. Épreuve d'eau-forte et terminée. — Pompe funèbre en l'honneur des martyrs de la journée du 10, gravé par Helman. Ensemble, trois pièces. Belles épreuves.

MONNET (d'après C.)?

243 — L'Amour à la campagne, — Les Suites de la Sérénade. Deux pièces avant la lettre, non entièrement terminées.

MONSIAU (d'après)

244 — Le Berger suppliant, — Bergère pleurant devant un
hermite pendant que son galant se dissimule derrière le
feuillage, — La Rose perdue, avant la lettre et terminée.— Érigone, eau-forte. Ensemble, cinq pièces. Belles
épreuves.

MOREAU (d'après L.)

245 — Le Villageois entreprenant, — L'Escarpolette. Deux
pièces faisant pendants, gravées par Germain. Très
belles épreuves avant la lettre. Rares.

246 — Les mêmes estampes. Superbes et très rares épreuves
avant la lettre et avant les armes, non entièrement terminées, marges.

247 — Les mêmes estampes. Très rares épreuves à l'état
d'eau-forte, sans marge.

248 — Vues du pavillon et des jardins de Bagatelle, de Chan-
tilly, du Moulin-Joly, de Saint-Cloud. Sept pièces à
l'état d'eau-forte. Très belles épreuves, marges.

249 — Vues du pavillon et des jardins de Bagatelle. Quatre
pièces avant la lettre. Très belles épreuves, grandes
marges.

MOREAU (par et d'après J.-M.)

250 — G. P. Martin Dumont, d'après Kucharski (E. B., 4).
Très belle épreuve, avec marge.

251 — *Fanier* (Alexandrine), gravé par E. Saugrain (E. B., 7).
Très belle épreuve.

252 — Esprit *Fléchier*, évêque de Nîmes (E. B., 8). Très belle
épreuve.

253 — Bonaparte dans un médaillon soutenu par la Justice, la
Gloire et l'Abondance (E. B., 30). Trois états de la
planche, ovale avant toute lettre, ovale avec le titre,
ovale équarri avant l'inscription. Trois pièces. Très
belles épreuves.

MOREAU (par et d'après J.-M.)

254 — A un peuple libre (E. B., 31), une épreuve avec le
portrait de Bailly dans un médaillon sous le buste de
Louis XVI, — Une épreuve sans portrait dans le médaillon sous le buste de Napoléon, plus une réduction in-8
en contrepartie, par Endner. Trois pièces. Très belles
épreuves, dont une remargée.

255 — Pompe funèbre et description du mausolée de Marie-
Thérèse (E. B., 37, 460-461). Trois pièces. Belles
épreuves.

256 — A la mémoire de Hue de Miromesnil, gravé par N. Le
Mire (E. B., 39). Eau-forte et épreuve terminée avant
toute lettre. Deux pièces. Très belles épreuves, toute
marge.

257 — Portraits des membres de la Société académique des
Enfants d'Apollon (E. B , 57-58-59-60-61-62-63-64-65).
Neuf pièces. Très belles épreuves.

258 — Portraits de députés à l'Assemblée nationale (E. B.,
98-103-111-112-130-135-137-142-152). Neuf pièces. Belles
épreuves.

259 — Coupe du Vaux-Hall (E. B., 171). Belle épreuve.

260 — L'Officier en promenade du midi (E. B., 182), — Promenade du soir (184), — L'agréable société (186), —
Promenade du matin, — Retour du marché. Cinq pièces
tirées des Ports de France, de Vernet. Très belles
épreuves.

261 — Vues des environs de Paris. Deux pièces gravées par
El. Saugrain, sous la direction de Moreau (E. B., 194-
195). Très belles épreuves.

262 — Vue du château de Madrid et du pavillon de Bagatelle (E. B., 196), — Vue du Pont de Neuilly (197), —
Vue du château de Vincennes (266), — Trois pièces
gravées par Elise Saugrain sous la direction de Moreau.
Très belles épreuves, toutes marges.

MOREAU (par et d'après J.-M.)

263 — Le Bal paré, — Le Festin royal (E. B., 200 et 201).
Deux pièces. Très belles épreuves.

264 — Ouverture des États généraux à Versailles (E. B., 204
A). Très belle épreuve, avec la liste des députés.

265 — Jupiter et Io (E. B., 212). Petite pièce de toute rareté,
gravée à l'eau-forte, par Moreau en 1761. Très belle
épreuve.

266 — Fondation pour marier dix filles (E. B., 216). Trois
états de la planche. Eau-forte, avant la lettre terminée
et avec la lettre. Trois pièces. Très belles épreuves.

267 — Statue équestre de Louis XV (E. B., 219). Très belle
épreuve.

268 — Bethsabée au bain, d'après Rembrandt (E. B., 224).
Belle épreuve.

269 — Saint Charles prenant soin des pestiférés (E. B., 228).
Pièce gravée à l'eau-forte. Eau-forte avant toute lettre
et épreuve terminée avec la lettre. Deux pièces. Très
belles épreuves.

270 — La Source abondante, d'après J. Vernet (E. B., 238).
Très belle épreuve à l'état d'eau-forte.

271 — La Cinquantaine (E. B., 240). Très belle épreuve du
1er état. Très rare.

272 — Pouvoir de l'Amour, d'après Deshays (E. B , 241). Superbe épreuve avant la lettre, grande marge, plus une
épreuve avec la lettre. Deux pièces.

273 — Le Gâteau des Rois, gravé par Lemire (E. B., 243).
Deux états de la planche. Très belles épreuves.

274 — Exemple d'humanité, gravé par Godefroy (E. B., 244).
Très belle épreuve.

275 — Henri IV chez le meunier, par Simonet (E. B., 245)
Très belle épreuve avant la lettre.

MOREAU (par et d'après J.-M.)

276 — Répertoire de Fontainebleau, gravé par Lempereur
(E. B., 246). Belle épreuve.

277 — Dernières paroles de J.-J. Rousseau, par Guttenberg
(E. B., 255). Très belle épreuve, grande marge.

278 — Arrivée de J.-J. Rousseau aux champs Élysées, par
Macret (E. B., 256, A) Très belle épreuve avant la
dédicace, marge.

279 — Tombeau de J.-J. Rousseau dans l'île des Peupliers
(E. B., 257). Deux états de la planche avec la bonne
femme, eau-forte et épreuve terminée, avant la lettre,
plus une épreuve avec la bonne femme enlevée et la
copie gravée par Lardy. Ensemble quatre pièces. Très
belles épreuves.

280 — Mort du chevalier d'Assas, par Simonet (E. B., 259).
Deux épreuves avant la lettre, dont une à l'état d'eau-
forte avancée. Très belles épreuves, marges.

281 — Couronnement de Voltaire sur le Théâtre-Français,
gravé par Gaucher (E. B., 261). Superbe et rare épreuve
du 1er état à l'eau forte pure.

282 — La même estampe. Superbe et très rare épreuve avant
toute lettre et avant la bordure.

283 — La même estampe superbe épreuve avec les armes,
toute marge, plus une épreuve avec les armes effacées.
Deux pièces.

284 — Les Vœux accomplis, par Simonet (E B., 263 A). Très
belle épreuve, marge.

285 — Fidélité héroïque à la bataille de Pavie, par de Longueil (E. B., 268). Trois états de la planche. Eau-forte,
avant la lettre terminée et avec la lettre. Très belles
épreuves, marges.

286 — Tullie faisant passer son char sur le corps de son père,
gravé par Simonet (E. B., 270). Deux états, lettre grise
et terminée. Deux pièces. Très belles épreuves, toute
marge.

MOREAU (par et d'après J.-M.)

287 — Réception de Mirabeau aux champs Elysées, par Masquelier (E. B., 271) Très belle épreuve avant la lettre.

288 — The Grove (E. B., 273). Très belle épreuve.

289 — Pense-t-il à la musique, d'après Teniers (E. B., 292). Belle épreuve.

290 — Le prince de Lambesc aux Tuileries (E. B., 293). In-4. Eau-forte et épreuve terminée avant toute lettre. Deux pièces. Très belles épreuves.

291 — Voyage en Sibérie. Sept pièces (E. B., 336-340-341-342-344-345-346), plus une pièce double avant la lettre et le fleuron du titre avant le texte; ensemble, neuf pièces.

292 — Voyage pittoresque de la Grèce (E. B., 348-366). Huit pièces à l'eau-forte. Quinze pièces avant la lettre et deux avec la lettre. Ensemble vingt-cinq pièces.

293 — Histoire générale et particulière des religions. Huit pièces avant la lettre (E. B., 405-406-407-408-409-410-412-414), plus quatre doubles à la sanguine et le frontispisce, par Pauquet, eau-forte et avant la lettre et neuf pièces doubles avec la lettre. Ensemble vingt et une pièces. Belles épreuves.

294 — La place Louis XV, gravé par Taraval (Mah., 412). Epreuve avant la lettre.

295 — La Cathedrale d'Orléans, d'après Drouard (E. B., 855). Très belle épreuve, marge.

296 — Journal de Paris (E. B., 857-858). Deux pièces à l'eauforte sur les coiffures du temps. Très belles épreuves, de la plus grande rareté.

297 — Mort de Sejan, gravé par Giraud et Dambrun (E. B., 860). In-4. Eau-forte et terminée avant la lettre. Deux pièces. Très belles épreuves.

MOREAU (par et d'après J.-M.)

298 — Institution de l'ordre de la Toison d'Or, gravé par Duclos (E. B., 889). Quatre états de la planche. Eau-forte, terminée avant toute lettre, avant la lettre et après le changement du titre. Quatre pièces. Très belles épreuves.

299 — Frontispice du *Voyage pittoresque de la Suisse* (E. B., 893). In-fol. Eau-forte et avant la lettre, plus la réduction grand in-4, avec la lettre (E. B., 894). Ensemble quatre pièces. Très belles épreuves.

300 — Demande solennelle (E. B., 896), — Cérémonie de la remise (897), — Demande à l'empereur d'Autriche. Trois pièces relatives au mariage de Napoléon. — Académies d'hommes (E. B., 1099-1100-1101). Ensemble, 6 pièces.

301 — Le Musée français. Neuf fleurons, vignettes et culs-de-lampe (E. B., 944-1387-88-89-90-92-93-94-95), avant la lettre, plus quatre pièces doubles à l'eau-forte; ensemble, treize pièces.

302 — Voyage de Lapeyrouse (E. B., 1007-1008-1009-1010-1012). Cinq pièces avant la lettre, plus quatre pièces avec la lettre; ensemble, neuf pièces.

303 — Tableau général de l'Empire Ottoman, frontispice (E. B., 1103). Eau-forte et avant la lettre. — Appartement d'un membre de la Porte (E. B., 1105), avant et avec la lettre. Ensemble, quatre pièces. Très belles épreuves.

304 — Les Petits Parrains, par Bacquoy. Très belle épreuve avec les lettres A. P. D. R.

305 — J'en accepte l'heureux présage (1374). — N'ayez pas peur, ma bonne amie (1375). — C'est un fils, Monsieur (1376). — Les Petits Parrains (1377). — Les Délices de la maternité (1378). — La Rencontre au bois de Boulogne (1382). — La Dame du Palais de la Reine (1383). Sept pièes in-12 du *Monument du costume*. Deux pièces sont avant les vers; une est double avant la lettre. Ensemble huit pièces.

MOREAU (par et d'après J.-M.)

306 — Carte de l'Amérique méridionale (E. B. 1561). Epreuve avant toute inscription.

307 — Marianne (E. B., 1618). Eau-forte et avant la lettre. — Le pauvre diable (E. B. 1687), avant la lettre. Trois pièces in-4, pour Voltaire. Très belles épreuves, grandes marges.

308 — Memnon ou l'accueil du Sage (E. B., 1691), par Vidal. Très belle épreuve.

309 — Poëme sacré sur la mort de Sacchini, gravé par P. Mercier (E. B., 1820). Pièce in-4 à l'eau-forte, très rare. Très belle épreuve, marge.

310 — Adam et Eve dans le Paradis, gravé par Legrand (E. B., 1821). Très belle épreuve, marge.

311 — Vignette à l'eau-forte représentant une salle d'un banquet du clergé (E. B., 1825). Belle épreuve. Très rare.

312 — Statuts et règlements de la Comédie Française, d'après Renou (E. B., 1832). Très rare épreuve du premier état, à l'eau-forte.

313 — Composition allégorique sur l'avènement du règne de Louis XVI, d'après Restout (E. B. 1833). Très belle épreuve à l'eau-forte pure, d'une pièce très rare.

314 — Œuvres d'architecture par Peyre, quatre modèles de fontaines sur une même feuille à l'eau-forte (E. B., 1885)

315 — Tableaux des Français depuis Charlemagne jusqu'à nos jours, scènes d'histoire, petit in-fol. Épreuve à l'eauforte pure, non citée.

316 — Debout dans la campagne, un jeune homme en tenue du matin, la main droite passée dans son gilet semble réfléchir, gravé par Godefroy. Épreuve à l'eau-forte pure, pièce non citée. Très rare.

317 — Paysage petit in-fol. en largeur, gravé par Elise Saugrain sous la direction de Moreau, d'après Honel. Épreuve à l'état d'eau-forte, non citée.

MULLER (F.)

318 — La Madone de Saint-Sixte, d'après Raphaël. Très belle épreuve.

NETVER

319 — Petit maître anglais en bonne fortune. — Petite maîtresse anglaise pinçant de la guitare. Deux pièces faisant pendants. Très belles épreuves.

OSTADE (Adrien Van)

320 — La Fileuse (B., 31).

OSTADE (d'après A. Van.)

321 — Halte flamande, par de Longueil. Très belle et rare épreuve à l'eau-forte pure, plus une épreuve terminée. Deux pièces. Très belles épreuves.

PATER (d'après)

322 — Les amans heureux. — L'amour et le badinage. Deux pièces faisant pendants gravées par Fillœul. Très belles épreuves, marges

323 — L'aimable entrevue, par Tardieu. — L'Orchestre de village, par Ravenet. Deux pièces. Très belles épreuves, marges.

324 — Le Colin-Maillard. — La Conversation intéressante. — Deux pièces gravées par Fillœul. Très belles épreuves, marges.

325 — Le Dénicheur de moineaux, par Cl. Dubosc. — Vivandières de Brest, par Le Bas. Deux pièces. Très belles épreuves.

PELLEGRINI (d'après)

326 — Léda, gravé au pointillé, par Bartolozzi. Trés belle épreuve avant la lettre, grande marge.

PICART (B.)

327 — Ira cedit favet dum hymen amori. — Oppugnent alii
hic solus de corde triumphat. — Ut zephyrus brumas,
sic amor pectora mitigat. Trois pièces. Très belles
épreuves.

PIERRE (d'après J.-B. M.)

328 — Bacchus et Ariadne. — Sacrificium in honore Panos.
Deux pièces gravées par Lempereur. Très belles
épreuves.

329 — L'enlèvement d'Europe, par Lempereur. — L'enlèvement de Proserpine. — Cuisinière hollandaise. Trois
pièces. Très belles épreuves à l'état d'eaux-fortes pures.

PIERRE (d'après DE LA)

330 — Dame grecque au clavecin, par Delvaux. Très belle
épreuve, marge.

PORPORATI

331 — Le Coucher, d'après Vanloo, — Le Coucher à l'Ita-
lienne, par J... Réduction à la sanguine, ensemble.
Deux pièces. Très belles épreuves.

PORTRAITS

332 — *Georges II*, gravé par Ravenet, d'après Mortier, in-fol.,
— *Jacques II*, par Blondeau, d'après Rubeis, in-fol.
Deux pièces. Très belles épreuves.

PRUD'HON (d'après P.-P.)

333 — Daphnis et Chloë (Le Bain), in-4°, — La Grotte, in-8°.
Deux pièces gravées par Roger. Superbes épreuves
avant la lettre.

334 — La famille indigente, par Carron. Deux épreuves, dont
une avant la lettre.

335 — Innocence et Amour, gravé à l'eau-forte par Pillement,
— L'Amour réduit à la raison, par Copia. Deux pièces.
Très belles épreuves, marge.

PUGH (d'après)

336 — Petit maître anglais à sa toilette, gravé par Goldan.
Très belle épreuve, marge.

QUEVERDO (d'après)

337 — Les Amours du bocage, — Les Baigneuses cham-
pêtres. Deux pièces faisant pendants gravées par Dambrun. Très belles épreuves, grandes marges.

338 — Le Berger amoureux, — La Danse champêtre. Deux
pièces gravées par Patas. Très belles épreuves.

339 — Le Couché de la mariée, — Le Levé de la mariée.
Deux pièces faisant pendants gravées par Dambrun et
Patas. Très belles épreuves.

340 — Les Éléments, suite de quatre pièces gravées par
Dambrun. Très belles épreuves.

341 — La Jouissance, — Le Repos. Deux pièces faisant pendants, gravées par Dambrun et Martini. Très belles
épreuves.

342 — La Sollicitation amoureuse, par Le Beau, — Musiciens
italiens. Eau-forte du maître. Deux pièces. Très belles
épreuves.

343 — *Dorat.* Portrait in-4°, par Le Beau, dans un médaillon
soutenu par les Grâces et les Amours. Très belle
épreuve, grande marge.

RAMBERG

344 — Les Lunettes, conte de La Fontaine. Très belle épreuve.
Rare.

RANSONNETTE (d'après)

345 — Le Règne des arts sous Henri IV. Superbe épreuve
avant toute lettre, marge.

RAOUX (d'après)

346 — Angélique et Médor, par De Launay, — Le Rendez-
vous, par Michelle Thévenard. Deux pièces. Très belles
épreuves.

RAOUX (d'après)

347 — Le Tuteur jaloux. Très belle épreuve avant toute lettre à l'état d'eau-forte très avancée.

348 — Les Vierges sages et les Vierges folles, par Delaunay. Très belle épreuve avant toute lettre.

REMBRANDT (P. Van Rijn)

349 — Jésus-Christ prêchant, ou la Petite tombe (B., 67. — Cl., 71. — Ch. Bl., 39). Superbe épreuve avec beaucoup de barbes.

350 — La même estampe. Belle épreuve.

351 — La Descente de croix (B., 81, Ch. Bl. 86). Ancienne épreuve.

352 — Portrait de Clément de Jonghe (B., 272). Belle épreuve.

RENOU (d'après)

353 — La Surprise, par Jupiter, gravé par Legrand. Très belle épreuve.

SAINT-QUENTIN (d'après)

354 — La Coquette du Village, par Anselin. Très belle épreuve.

SCHALL (d'après)

355 — Le Bât, — Le Cuvier, — Le Poirier enchanté. Trois pièces gravées par Lindor de Toulouse. Très belles épreuves, marge.

356 — Frère Luce, par Bart. — La Jument du compère Pierre. Deux pièces. Belles épreuves.

357 — Paul et Virginie. Suite de six pièces gravées en couleur, par Descourtis. Superbes épreuves.

358 — Le Premier baiser de l'Amour, par Aug. Legrand. Épreuve à l'eau-forte.

SCHENAU (d'après)

359 — Jeune garçon présentant un petit chien à une dame. Très belle épreuve avant toute lettre.

360 — La Naissance des Désirs, par Mesnil. — Le Miroir cassé, par Chevillet. Deux pièces. Très belles épreuves.

361 — Le Pardon général, par Louise Gaillard. Eau-forte et épreuve terminée avec la lettre. Deux pièces. Très belles épreuves.

362 — Les premiers pas de l'enfance, — L'Enfant au chien. Deux pièces gravées par Duflos et Seiffert. Très belles épreuves.

SCHLESINGER (d'après)

363 — Comment l'esprit vient aux garçons, — Comment l'esprit vient aux filles. Deux pièces lithographiées, par Léon Noël et Soulange Teissier, sur chine. Belles épreuves.

SLODTZ (M.-A.)

364 — Bal de may donné à Versailles en 1763, gravé par Martinet. Très belle épreuve.

TARDIEU (J.)

365 — *Oudry* (J.-B.), d'après Largillière. In-fol. Superbe épreuve, grande marge.

TENIERS (d'après)

366 — L'Alchimiste, — Les Pêcheurs, — Cour de ferme, — Le Joueur de Cornemuse, — Intérieur flamand, etc. Sept pièces gravées sous la direction de Le Bas. Très belles épreuves à l'eau-forte pure.

TEXIER

367 — Réception du grand Frédéric par Voltaire aux champs Élysées. Très belle épreuve avant la lettre, toute marge.

TOSCHI (P.)

36S — Lo Spasimo di Sicilia, d'après Raphaël. Très belle
épreuve.

DE TROY (d'après)

369 — L'Ornement de l'esprit et du corps, par Surugue. Superbe épreuve, grande marge.

370 — Renaud et Armide, — Tancrède et Herminie, — Mort
de Cléopâtre. Trois pièces. Très belles épreuves avant
la lettre.

371 — Suzanne et les vieillards, — Salmacis et Hermaphro-
dite. Deux pièces gravées par L. Cars et Daullé. Très
belles épreuves avec marge.

VANLOO (d'après)

372 — Apollon faisant écorcher Marsyas, par Miger, — Les
Baigneurs, par Lempereur, — La Comédie, par Sal-
vador. Trois pièces. Très belles épreuves à l'eau-forte
pure.

373 — La Confidence, — La Sultane. Deux pièces faisant
pendants, gravées par Beauvarlet. Très belles épreuves.

374 — Portrait de Mademoiselle Van Loo, fac-similé de dessin
par Bonnet, imprimé sur papier bleu. Très belle
épreuve.

VERNET (d'après J.)

375 — Les Baigneurs, — Vue de Tivoli, — Le Sémaphore.
Trois pièces à l'eau-forte, plus deux pièces terminées.
Ensemble, cinq pièces. Belles épreuves.

376 — La Pêche du matin, — La Roche dangereuse, —
Deuxième vue du levant, par Aliamet. Trois pièces.
Très belles épreuves avant toute lettre.

377 — Pêcheurs napolitains, — Environs de Tivoli. Deux
pièces gravées par Coulet. Très belles épreuves à l'état
d'eau-forte, plus une pièce double terminée. Ensemble,
trois pièces.

VERNET (d'après J.)

378 — Vue de la ville et du port de Bayonne, avant toute
lettre, — La Pêche du thon, eau-forte. Deux pièces
grand in-fol. Très belles épreuves.

VIEN (d'après)

379 — L'Amour empressé, par Vangelisty. Deux épreuves,
dont une avant toute lettre.

380 — Dédale et Icare. Deux épreuves, avant la lettre terminée et eau-forte.

VIGÉE-LEBRUN (d'après Mme)

381 — Vénus liant les ailes de l'Amour, par Schultze. Deux
épreuves, avant la lettre terminée et eau-forte, plus la
Peinture couronnée par l'Amour, avant toute lettre.
Trois pièces. Très belles épreuves, marge.

WATTEAU (d'après ANT.)

382 — L'Accordée de village, par Couché. Très belle épreuve
avant toute lettre à l'état d'eau-forte.

383 — Les Agrements de l'été, par J. Favannes. Très belle
épreuve.

384 — L'Amour au Théâtre-Italien, par C.-N. Cochin. Très
belle épreuve, marge.

385 — L'Embarquement pour Cythère, par Tardieu. Très
belle épreuve.

386 — Le Galant jardinier, par J. de Favannes, — Le Qu'en
dira-t-on, par Crépy. — Partie de chasse. Trois pièces.
Belles épreuves.

387. — L'Ile de Cythère, par de Larmessin. Très belle épreuve.

388 — Le Conteur, par C.-N. Cochin, — Le Conteur de fleu-
rettes, par Crépy. — L'Escarpolette. — *Par la tendresse
et par les soins*. Quatre pièces. Belles épreuves.

WATTEAU (d'après ANT.)

389 — Le Sommeil dangereux, par Liotard. Superbe épreuve grande marge.

WILLE (J.-G.)

390 — Le Concert de famille, d'après Schalken. Très belle épreuve.

391 — Instruction paternelle, d'après Terburg. Très belle épreuve.

392 — Jeune joueur d'instrument, d'après Schalken, — Tricoteuse hollandaise, d'après Mieris, — Le Maréchal des logis, d'après Wille fils. Trois pièces. Très belles épreuves.

393 — Musiciens ambulans. — Les offres réciproques. Deux pièces d'après Dietricy. Belles épreuves.

WILLE (d'après P.-A.)

394 — L'Attente, par Legrand, — Le Pucelage, par Ebertz. Deux pièces. Très belles épreuves.

395 — L'Essai du corset, — Dédicace d'un poëme épique. Deux pièces faisant pendants, gravées par Dennel. Très belles épreuves.

396 — Le Temps perdu, par Halbou. Belle épreuve.

WOUVERMANS (d'après)

397 — Halte de voyageurs, — Maquignons à la foire, — Halte de cavaliers, — Chasse au faucon. Quatre pièces gravées par Moyreau et Bouttats. Très belles épreuves avant toute lettre.

398 — Le Passage de l'eau, — La Cascade, — La Chasse aux canards, — Rendez-vous de chasse. Quatre pièces gravées par Moyreau, — La Caverne de voleurs, — Berger et Bergère avec leur troupeau. Deux pièces gravées par C. Visscher, d'après P. de Laer. Très belles épreuves.

WRIGHT (d'après)

399 — La Forge, gravé à la manière noire, par Earlom. Superbe épreuve avant la lettre.

LIVRES

400 — **Bartsch**. Le Peintre-graveur par Adam Bartsch, Vienne, 1803-1821, plus le supplément par Weigel, Vingt-deux vol. in-8e cart.

401 — **Baudicour**. Le Peintre graveur français continué, par Prosper de Baudecour. Paris, 1859-1861. Deux tomes en un vol. in-8, cart.

402 — **Brulliot**. Dictionnaire des Monogrammes, marques figurées, lettres initiales, noms abrégés etc., par François Brulliot. Munich, 1832. 3 vol. in-4 cartonnés.

403 — **Catalogue** raisonné de toutes les pièces qui forment l'œuvre de Rembrandt, par les sieurs Helle et Glomy. Paris, 1751. 1 vol. in-8 cart.

404 — **Decker**. Représentation des guerres d'Espagne entre Léopold Ier, Joseph Ier et Charles IV, gravées par Aug. Corvenius. Suite de cinquante-trois pièces publiées à Augsbourg par Jeremias Wolff. 1 vol. in-fol. cart.

405 — **Dumesnil** (**J**). Histoire des plus célèbres amateurs français et de leurs relations avec les artistes par M. J. Dumesnil. Paris, 1856-1860. 5 vol. in-8 demi rel. veau, dos et coins.

406 — **Galerie** du Palais-Royal gravée d'après les tableaux des différentes écoles qui la composent avec un abrégé de la vie des peintres et la description historique de chaque tableau par l'abbé de Fontenai. Paris, Couché, 1786-1788. 3 vol. in-fol. demi rel. mar. grenat, dos et coins. Exemplaire non rogné.

LIVRES

407 — **Galerie** lithographiée des tableaux de S. A. R. Monseigneur le duc d'Orléans, publiée par Vatout et Quenot. Paris, 1824-1829. 4 vol. in-fol. demi mar. bleu, non rogné. Exemplaire en grand papier. Fig. sur chine.

408 — **Lièvre (Edouard).** Collection Sauvageot, dessinée et gravée à l'eau-forte par Edouard Lièvre, accompagnée d'un texte historique et descriptif par A. Sauzay. Paris, Noblet et Baudry, 1863. 2 vol. in-fol., demi-rel. mar. bleu avec coins, tête dorée, montés sur onglets.

409 — **Le Mesle.** Suite de douze estampes in-fol. gravées par Tardieu, Aveline, Aubert, Hortemels, Schmidt, Galimard et Fillœul, pour Lazarille de Tormes. Belles épreuves en 1 vol. demi-mar. rouge avec coins.

410 — **Mariette.** Son portrait gravé par Saint-Aubin, et vingt pièces petit in-fol. représentant les Mois, les Saisons, les Éléments, ensemble vingt-et-une pièces en 1 vol. in-fol., demi rel. mar. rouge, dos et coins.

411 — **Monnet.** Suite de quinze estampes des principales journées de la Révolution française, gravées par Helman, plus deux titres. A cette suite sont ajoutées vingt-six estampes diverses relatives à Louis XVI et Marie-Antoinette et autres sujets de l'époque révolutionnaire. Ensemble quarante-et-une pièces en 1 vol. gr. in-fol., demi rel. mar. rouge, dos et coins.

412 — **Moreau (J. M).** Monument du costume physique et moral au dix-huitième siècle. A Neuwied sur le Rhin, 1789. 1 vol. in-fol. de 37 pages de texte et vingt-six fig. de Moreau gravées par Martini, Trière, Helman, Patas, Gutemberg, Delaunay, Halbou et Romanet, demichagrin marron, avec coins.

413 — **Moreau et Freudeberg.** Histoire des mœurs et du costume des Français au dix-huitième siècle. Paris, Willem, 1878. — Monument du costume physique et

LIVRES

moral au dix-huitième siècle. Paris, Willem, 1876. Deux tomes en 1 vol. in-fol. contenant douze figures de Freudeberg et vingt-six de Moreau. Épreuves sur chine avant la lettre, en bistre et en noir. Exemplaire numéro 10, sur papier de Hollande. 1 vol. in-fol, demi-rel. mar. grenat, dos et coins.

414 — **Nanteuil (Célestin)**. Trois cent quatre-vingt-trois pièces de l'œuvre lithographié de Célestin Nanteuil. Épreuves d'artiste, la plupart avant le titre des ouvrages, sur chine monté.

415 — **Oudry**. Suite de vingt-quatre estampes in-fol. pour le *Roman comique*, toutes en deux ou trois états, plus deux pièces avant la lettre. Ensemble cinquante-neuf pièces en 1 vol. in-fol., demi rel. mar. rouge, dos et coins.

416 — **Robert-Dumesnil**. Le Peintre graveur français, ou catalogue raisonné des estampes gravées par les peintres et les dessinateurs de l'école française, ouvrage faisant suite au Peintre graveur de M. Bartsch, par A. P. F. Robert-Dumesnil. Paris, Warée et Mme Huzard, 1835-1871. 11 vol. in-8, demi-rel. veau, dos et coins.

417 — **Van der Kellen**. Le Peintre graveur hollandais et flamand... par Philippe Van der Kellen. Utrecht, 1878. Tome 1er, gr. in-4, en portefeuille.

418 — **Watteau (Antoine)**. Figures des différents caractères de paysages et d'études, dessinées d'après nature par Antoine Watteau... gravées à l'eau-forte par les plus habiles peintres et graveurs du temps. A Paris, chez Audran, graveur du Roi, et chez Chereau. 2 vol. in-fol. parchemin, tranches dorées. Très bel exemplaire.

Imprimerie D. Dumoulin et Cie, à Paris.